Christian Lacroix

Christian Lacroix

Christian Lacroix

Christian Lacroix

2020

Since 1982
St. Louis Camera Club friends

① Lynda Stair
13016 Ferntrails Lane
St. Louis, Mo.
63141

Phone -
e-mail -

She was on our trip to Peru
Helped me with altitude sickness
going on switch back train
to Machu Picchu
Joined in 1982 - as I also did SLCC

② Mike Rudman (Jeanne died 2020)

Phone
e-mail
Both on our African trip - Kenya & Tanzania
in 1989
Also on Scotland Train & Car trip

Christian Lacroix

Christian Lacroix

Christian Lacroix

Christian Lacroix

Christian Lacroix

Christian Lacroix

Christian Lacroix

Christian Lacroix

Christian Lacroix

Christian Lacroix

Christian Lacroix

Christian Lacroix

Christian Lacroix

Christian Lacroix

Christian Lacroix

Christian Lacroix

Christian Lacroix

Christian Lacroix

Christian Lacroix

Christian Lacroix

Christian Lacroix

Christian Lacroix

Christian Lacroix

Christian Lacroix

Christian Lacroix

Christian Lacroix

Christian Lacroix

Christian Lacroix

Christian Lacroix

Christian Lacroix

Christian Lacroix

Christian Lacroix

Christian Lacroix

Christian Lacroix

Christian Lacroix

Christian Lacroix

Christian Lacroix

Christian Lacroix

Christian Lacroix

Christian Lacroix

Christian Lacroix

Christian Lacroix

Christian Lacroix

Christian Lacroix

Christian Lacroix

Christian Lacroix

Christian Lacroix

Christian Lacroix

Christian Lacroix

Christian Lacroix

Christian Lacroix

Christian Lacroix

Christian Lacroix

Christian Lacroix

Christian Lacroix

Christian Lacroix

Christian Lacroix

Christian Lacroix

Christian Lacroix

Christian Lacroix

Christian Lacroix

Christian Lacroix

Christian Lacroix

Christian Lacroix

Christian Lacroix

Christian Lacroix

Christian Lacroix

Christian Lacroix

Christian Lacroix

Christian Lacroix

Christian Lacroix

Christian Lacroix

Christian Lacroix

Christian Lacroix

Christian Lacroix

Christian Lacroix

Christian Lacroix

Christian Lacroix

Christian Lacroix

Christian Lacroix

Christian Lacroix

Christian Lacroix

Christian Lacroix

Christian Lacroix

Christian Lacroix

Christian Lacroix